# ¡AL LORO! EN EL COLEGIO

El estudio del cerebro de los niños y las niñas es fundamental para diseñar el aprendizaje. Gracias a las investigaciones de la neuroeducación, sabemos que este órgano se va modelando con las experiencias vividas en casa y en el colegio. El cerebro está preparado para adaptarse al aprendizaje de nuevas habilidades a todas las edades, pero en los primeros años se desarrollan las funciones cerebrales básicas y las familias necesitan herramientas prácticas para el acompañamiento de estos procesos.

La colección *¡Al loro!* estimulará las destrezas y la creatividad de los más pequeños de la casa. Cada cuaderno ofrece juegos etiquetados en las categorías que indican los pictogramas, así como adhesivos y papeles para recortar y completar algunas de las actividades propuestas.

¡Al loro y buen trabajo!

## PICTOGRAMAS

 PENSAMOS

TRAZAMOS

 PEGAMOS

CONTAMOS

 CREAMOS

# PENSAMOS

¡Esta es mi clase! Busca en la escena los objetos que están en los círculos.

# PENSAMOS Y CONTAMOS

Mi amiga Ana es rubia y lleva una coleta.
Mi amigo Paco lleva gafas y tiene el pelo rizado.
¿Dónde están?

¿Cuántos niños y niñas hay en mi clase? Cuéntalos.

# TRAZAMOS Y CREAMOS

Resigue los caminos con el dedo y pinta las pelotas en blanco de los mismos colores que su pareja.

# PENSAMOS

Busca este lápiz de cera en el dibujo de debajo y rodéalo.

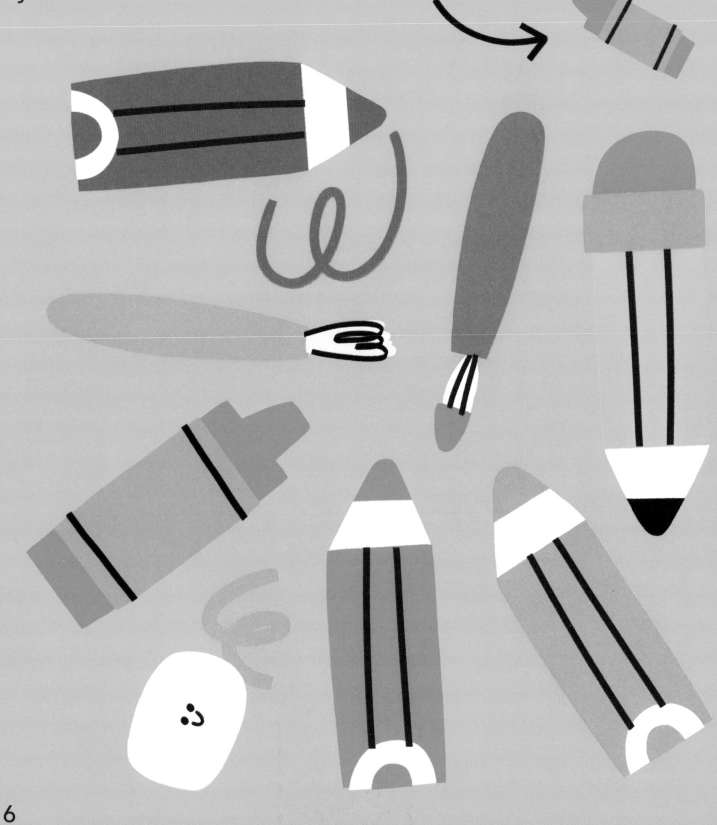

# CONTAMOS

Rodea estos ositos de peluche de 4 en 4.
¿Cuántos grupos hay?

# PEGAMOS

¿Qué cosas llevas en la mochila del colegio?
Pégalas encima.

# TRAZAMOS

Hacemos trazos en una hoja para aprender a escribir. Síguelos tú.

# PEGAMOS

Me gusta mucho salir al patio y jugar con todo lo que hay.
Pega lo que falta en este patio.

# CREAMOS

Mi colegio tiene una valla de muchos colores.
Píntala.

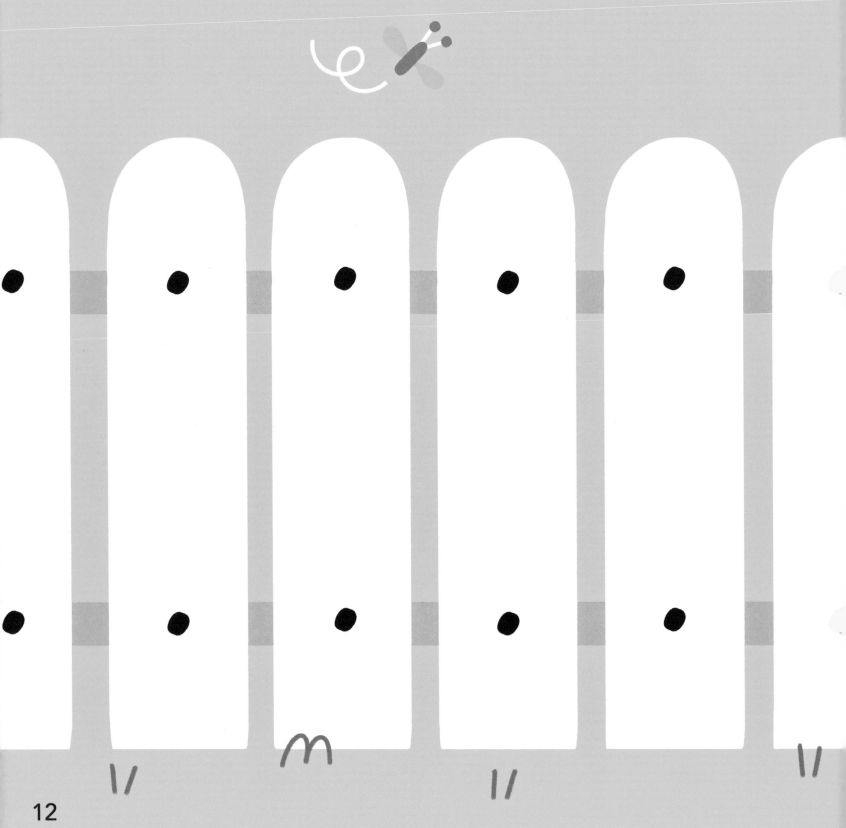

# PEGAMOS

Me he caído del columpio y me he hecho heridas en la mano. Pega las tiritas.

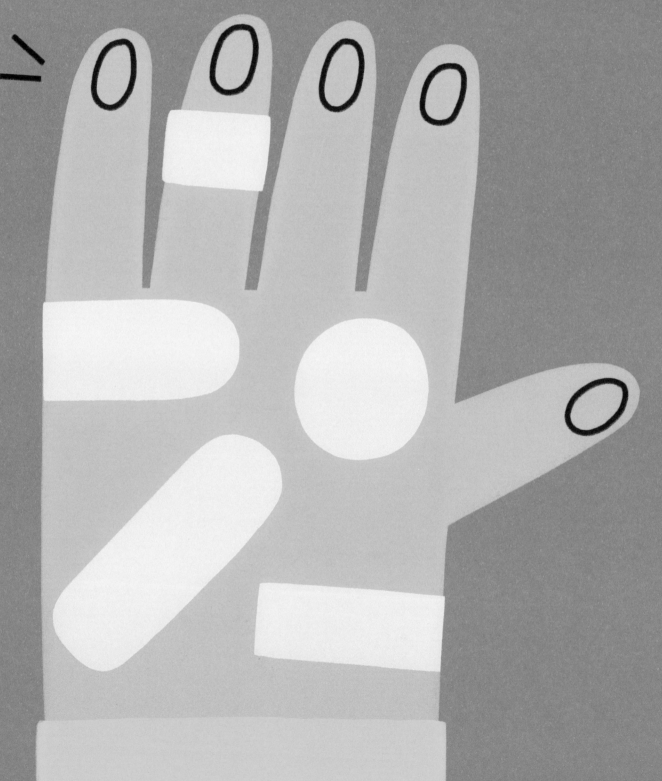

Relaciona cada juguete con su sombra.

# CREAMOS

Me gustan los juegos de construcción.
Recorta o rasga papeles para hacer un castillo.

# CREAMOS

En el colegio tenemos algunos animales. A mí me gustan las tortugas. Recorta o rasga papeles para crear un caparazón para cada tortuga.

# CONTAMOS

En el huerto hemos plantado lo que necesitamos para hacer una ensalada. Cuenta todo lo que hemos sembrado.

# CREAMOS

Preparamos una ensalada con lo que hemos recogido en el huerto. Recorta o rasga papeles y pégalos en el plato.

# TRAZAMOS

A menudo tomamos fruta para merendar: manzanas, peras o plátanos. Dibuja el contorno de estas frutas uniendo los puntos.

# CREAMOS

Hemos visto un ratón cerca del huerto. Sigue los pasos para dibujar uno. Después, píntalo.

# PENSAMOS

Busca el camino que ha seguido el ratón para llegar al queso.

# PENSAMOS

Une con una línea cosas del colegio que están relacionadas.

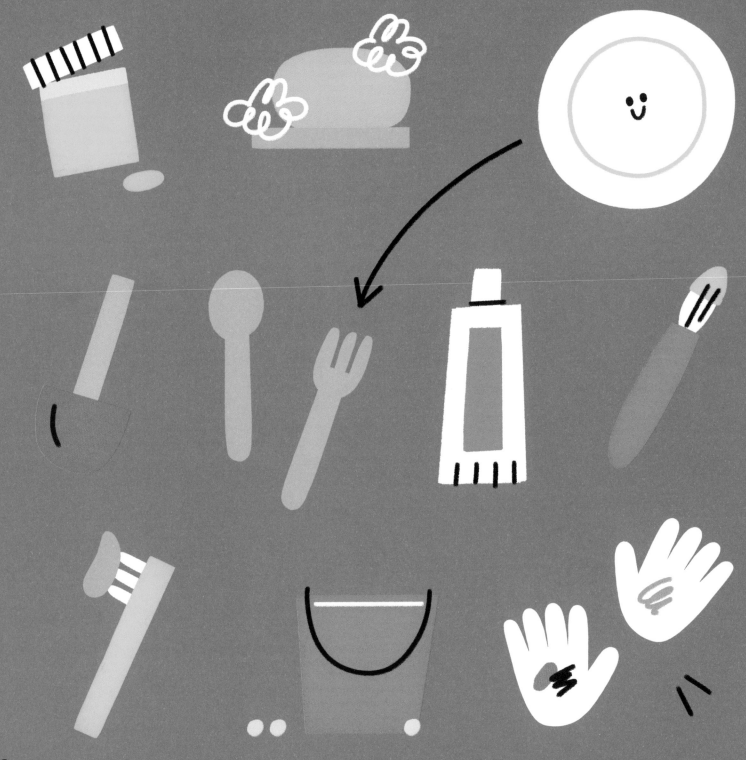

# CONTAMOS

En el colegio dibujamos y pintamos. Fíjate en el número de colores de cada lienzo y rodea la misma cantidad de pinceles.

# PEGAMOS

Me gusta mucho jugar al mercado. Pega los adhesivos que faltan para completar la tienda.

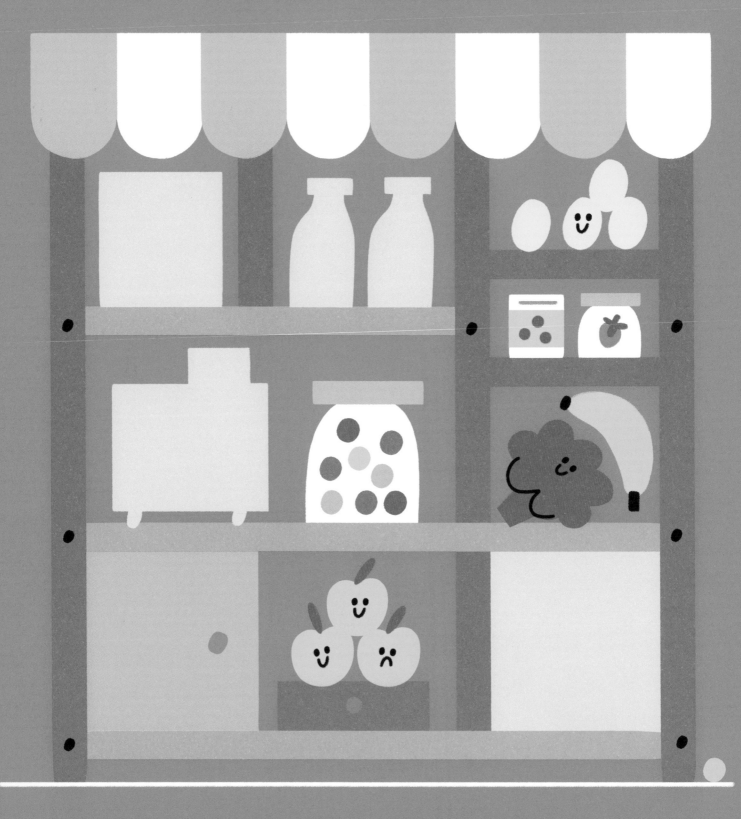

# TRAZAMOS

Tengo muchos amigos en el colegio. Dibuja pelo y bocas que ríen a estos niños y niñas.

# CREAMOS

Cuidamos el jardín del colegio para que siempre esté lleno de colores. Rasga o recorta papeles para hacer las flores.

# PENSAMOS

En esta página hay un objeto repetido.
Encuéntralo.

# PEGAMOS

Antes de irnos a casa, lo dejamos todo ordenado.
Pega los objetos donde indican los rótulos.

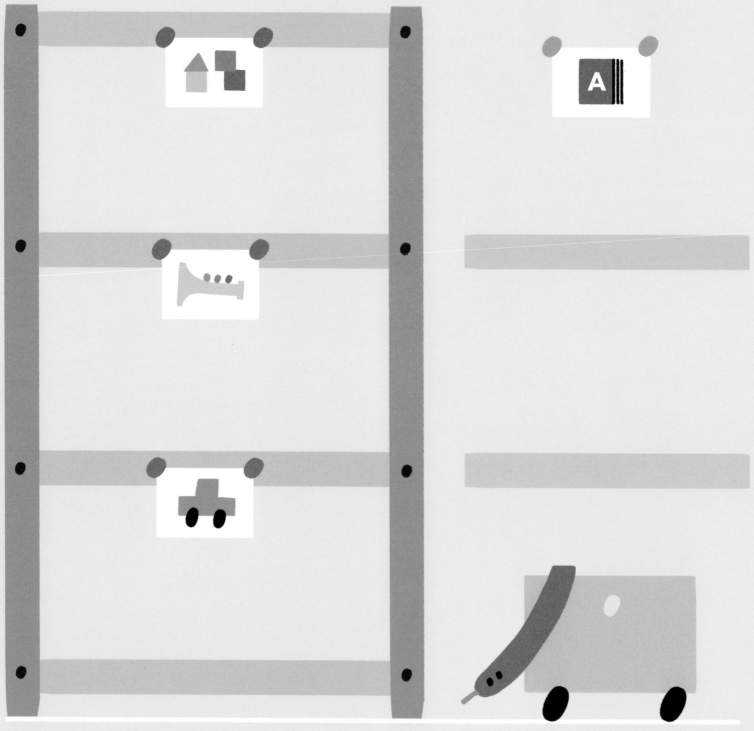

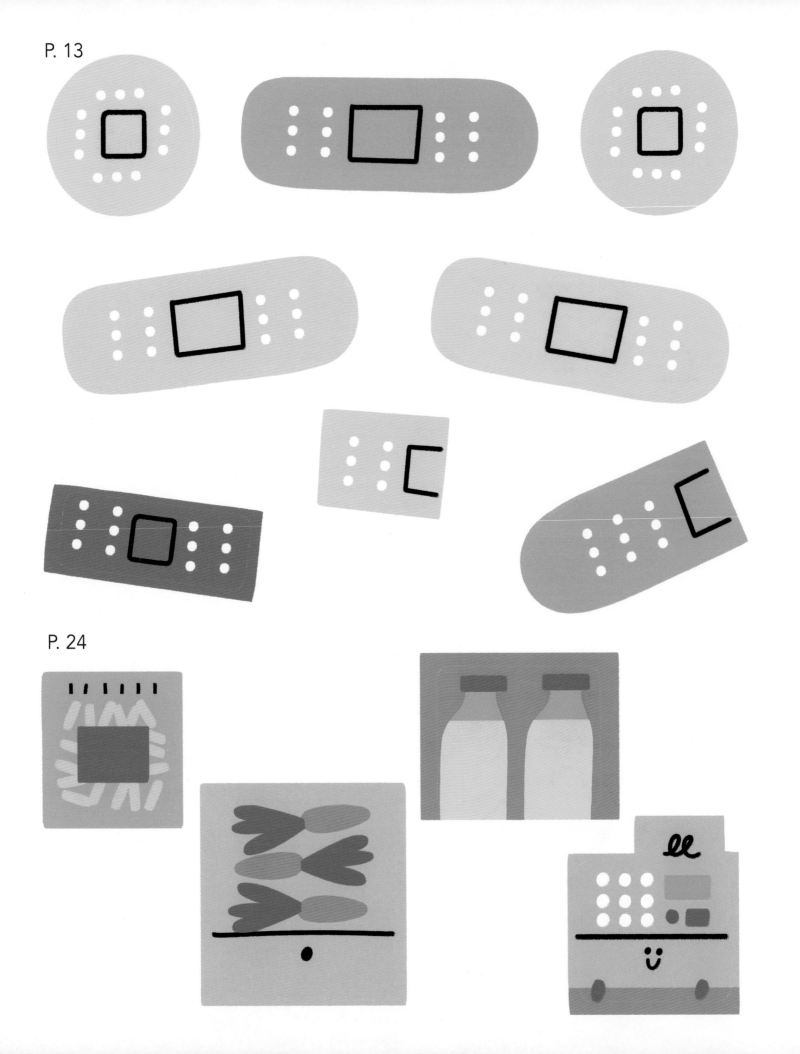